BARBIERS RASANT DANS LA RUE.

LES SANITARIA DE L'INDE

I

Les *sanitaria* ou *sanatoria*, que l'on appelle aussi *hill-stations*, parce qu'ils sont situés sur les plateaux salubres à 1,500 ou 2,000 mètres d'altitude, représentent dans l'Inde nos stations balnéaires. « Ils sont, nous dit le comte Goblet d'Alviella, devenus une institution fondamentale de la société anglo-indienne, surtout depuis que l'ouverture des grandes routes et la création des voies ferrées ont décuplé les moyens de communication dans toute la péninsule. A l'instar du vice-roi, qui chaque année se transporte à Simla, avec son conseil, ses ministres et ses bureaux, les gouverneurs de province s'empressent, dès la fin de mars, de quitter leurs chefs-lieux pour émigrer sur les hauteurs avec tout leur personnel administratif, et il n'est si petit commissaire de district qui ne passe l'été dans sa station de montagne, pourvu seulement qu'il ait une montagne sur son territoire... L'influence des *sanitaria* ne s'est pas seulement exercée sur les mœurs administratives de l'Inde, elle a modifié aussi les habitudes sociales de la colonie européenne. Jadis, quand on se sentait la constitution minée par l'action du climat, on n'avait d'autre alternative que de mourir sur place ou de retourner en Europe; aujourd'hui l'on se contente de chercher quelques mois de repos dans un *sanitarium* à la mode, au milieu des plaisirs et des entraînements, bals, pique-niques, parties de cheval et de chasse, parties de cricket, de crocket et de racket qu'engendre inévitablement la rencontre des fonctionnaires désœuvrés, d'officiers en congé, de jeunes *misses* et de jeunes ladies (1). » Ces « saisons » passées ainsi répondent à une nécessité hygiénique en même temps qu'elles invitent à une agréable villégiature. Les conditions de salubrité de l'Inde sont en effet généralement mauvaises, et sur certains points absolument détestables. Personne n'ignore que la mortalité est effrayante dans les diverses provinces de ce vaste empire, et qu'à une certaine époque les maladies et la mort y sévissaient d'une manière ininterrompue parmi tous les éléments de la population, décimant l'armée et faisant des ravages dans toutes les classes de la société civile. On peut, dans ces conditions, regarder la création des *hill-stations* comme un véritable bienfait. Tout d'abord, elle a eu les plus heureux résultats en ce qui concerne les enfants qui, nés aux Indes, n'y pouvaient séjourner et devaient être reconduits en Angleterre, où ils restaient jusqu'à l'âge de 16 ou 18 ans avant de pouvoir retourner sans danger auprès de leurs parents. Maintenant, grâce aux services réguliers des bateaux à vapeur, des paquebots, des chemins de fer, l'accès des *sanitaria* étant rendu facile à tout le monde par le rapprochement des distances et la suppression des obstacles, ces enfants trouvent un air, une température qui ne mettent pas en péril leur existence. On n'est plus forcé, fatalement, à moins de circonstances graves, de les faire émigrer, et les liens de la famille sont par là même resserrés (2).

L'Inde est à la fois une des contrées les plus chaudes et les plus froides du globe. Telle zone y est torride, telle autre glaciale. La région de l'Himalaya présente ce double inconvénient : « ses sommets majestueux gardent éternellement leur couronne de neige et de glace; les plaines qui s'étendent aux pieds des pentes sont brûlées des ardeurs des tropiques. Heureusement, sur les avant-monts il règne un climat tempéré, et c'est là que les Anglais cherchent l'été un refuge contre les chaleurs, c'est là qu'ils ont bâti leurs « villes de santé » dont les forêts de chênes et de hêtres, les vergers pleins de fruits, les parcs touffus et les frais jardins rappellent la nature salubre de l'Occident européen » (3).

II

Les principaux *sanitaria* de l'Inde sont ceux de Simla, Matheran et Pouna (4), Darjiling, Outacamound, Marri, Mont-Abou.

Simla est le plus fréquenté de ces « sanatoires ». Située à la jonction

(1) Comte Goblet d'Alviella, *Inde et Himalaya*. (Paris, E. Plon et Cie.)
(2) Les Européens peuvent séjourner aux Indes, mais ils ne sauraient s'y perpétuer. L'expérience leur a prouvé que l'acclimatement est impossible pour eux. Aussi ont-ils pris le parti d'envoyer leurs enfants en Angleterre pour y être élevés. Ceux qui restent dans l'Inde forment une race chétive, profondément dégénérée et fatalement destinée à bientôt disparaître. C'est avec raison qu'on a pu dire que, dans l'Inde, la première génération des blancs se distingue par sa faiblesse de corps et d'esprit, la seconde ne produit plus guère que des rachitiques et des idiots ; quant à la troisième, on n'en a jamais entendu parler.
(3) L. Lanier, *Lectures et analyses de géographie* L'Hindoustan, t. II de l'Asie. (Paris, Belin frères.)
(4) E. Cotteau, *Promenades dans l'Inde et à Ceylan*. (Paris, librairie Plon.)

des routes de la Chine, du Tibet et des provinces septentrionales de l'Inde, elle a été choisie comme capitale d'été de l'Hindoustan par le vice-roi, qui y tient d'ordinaire ses durbars les plus somptueux. Ville administrative et ville de luxe, avec ses superbes édifices, ses magnifiques résidences, ses fêtes officielles, auxquelles assistent les rajahs, elle offre une animation d'un cachet particulier qui n'a rien d'analogue en Europe. Les familles opulentes s'y donnent rendez-vous, y amènent leurs amis, y restent jusqu'à l'entrée de l'hiver, jouissant sur ce plateau, qui a 7,000 pieds d'altitude, d'une fraîcheur délicieuse comparable à celle du printemps.

Matheran domine, à proximité de Bombay, un chaînon rapproché de la côte. A 2,500 pieds de hauteur, dans une atmosphère fortifiante et balsamique, la station, dont les bungalows en pierres rouges s'enfouissent sous le feuillage d'une forêt luxuriante, est recherchée par une société d'autant plus nombreuse que les sites pittoresques y captivent partout les regards : ici, un panorama grandiose ; là, des îlots de basalte, des falaises abruptes, des crêtes déchiquetées, et, dans les intervalles, des vallées sauvages où descendent de petits torrents dont la couleur laiteuse tranche sur l'éclatante verdure de leurs bords, tandis qu'à 2,000 pieds plus bas se déroule le littoral aride et brûlé, avec l'archipel de Bombay s'esquissant au loin en taches sombres sur l'horizon confondu de la mer et du ciel.

Pouna, qui est une ville de 160,000 habitants, dont 100,000 Hindous, s'environne, à 1,800 pieds d'altitude, de villas européennes et de jardins de plaisance. Elle attire les visiteurs autant par ses souvenirs du passé, temple et monuments, que par l'agrément de sa situation. Le Tout Bombay y passe la saison des pluies, de juin à septembre, et les officiers y habitent de petits bungalows qui le disputent en élégance aux plus coquets cottages d'Angleterre.

Outacamound est le *sanitarium* de la présidence de Madras, comme Pouna l'est de la présidence de Bombay. Cette *hill-station* se trouve à 2,200 mètres au-dessus du niveau de la mer, dans les montagnes des Nilgherries, où sont, au sud de l'Himalaya, les sommets les plus élevés de l'Inde. Des haies de rosiers et de fuchsias en fleur en annoncent les approches. La vue s'étend au loin sur des pentes bien cultivées — presque toutes en plantations de café — assez semblables d'aspect à un vignoble renommé, mais d'un vert plus foncé. A 472 mètres plus haut se dresse le Dodabetta, la grande montagne, où conduit, en une promenade agréable, un chemin facile. L'air qu'on y respire à pleins poumons est pur et élastique ; il s'embaume des senteurs d'une foule de plantes et d'arbustes, fraisiers, géraniums, azalées, rhododendrons, arbres à thé, eucalyptus, cocos sauvages. Outacamound, chef-lieu de district, renferme une dizaine de mille habitants. Les maisons, disséminées sur les versants de plusieurs collines, y sont bâties sans alignement ni cordeau, selon la fantaisie du propriétaire, là où il lui a paru le plus convenable de les asseoir. Partout de jolies routes circulent entre les vallons ou gravissent les monticules reliant entre elles de coquettes habitations. De beaux bois d'eucalyptus se mirent dans les eaux tranquilles d'un lac de 6 kilomètres de tour. Une large chaussée est tracée le long des rues. Outacamound, bien qu'à 11° seulement de l'équateur, jouit d'un climat tempéré. La température moyenne, qui est à Madras de 28° et à Paris de 10° 8′, y est de 14°. De plus, elle est remarquablement uniforme, ne variant guère, de l'hiver à l'été, que de 5°.

Marri, dans le Pandjab, est le sanitarium des fonctionnaires et des troupes de ce gouvernement, qui en forment presque toute la population (7,000 habitants). Lieu de repos mais non de sécurité, car les tremblements de terre s'y renouvellent souvent. Mais le soldat anglais affronte allègrement ce danger, moins grand, après tout, que celui des fièvres auxquelles il se soustrait lorsqu'il le peut, et qui fait beaucoup de victimes à Rawal-Pindi, le quartier militaire. D'ailleurs, à Marri la vue ravissante sur la plaine et sur les monts de Kachmir fait oublier que le sol n'est pas rassurant.

Le mont Abou, qui ferme la chaîne des Aravalis, dans le Radjpoutana, est célèbre par la beauté des sites et les splendeurs architecturales de ses temples djaïnites de Dilvara, dus à la munificence et à la piété. L'air de ce sanitarium est léger, frais, élastique. Les poumons se dilatent en l'inhalant. Les maisons sont situées à 4.000 pieds au-dessus du niveau de la mer. Les pics qui les entourent atteignent une élévation de 5 à 6,000 pieds. Le pays est sauvage, mais ceux qui viennent y réparer leur santé trouvent un attrait puissant à ce tableau.

III

Darjiling est connu comme sanitarium de l'Inde depuis près de soixante ans. Avant 1840, on savait qu'il y avait là un couvent de bouddhistes tibétains, de lamas vêtus de rouge, qui avaient choisi cet asile pour fuir le monde. Les vents furieux assaillaient les murs de leur petit temple, suspendu aux flancs d'un rocher. Les chênes et les cèdres frémissaient sous la tourmente. Le tigre, l'éléphant, le vautour y faisaient entendre leurs cris, et lorsqu'ils se taisaient, le silence n'était interrompu que par les sons du gong que frappaient en cadence les prêtres de Bouddha pour chasser les redoutables démons de la montagne. C'était un lieu désert, mais idyllique, s'il faut en croire de Hubner, qui le visita et qui l'appelle un paradis terrestre. Pour y arriver, de Calcutta, il fallait se faire porter en palanquin, et le voyage durait quinze jours, quelquefois vingt, suivant la saison. Planté sur les bords accidentés d'une gorge immense, à 7,000 pieds d'altitude et à 5,000 au-dessus du fleuve Ranjit, entouré de montagnes s'élevant jusqu'aux nues, Darjiling serait, sans doute, resté caché sous sa masse confuse de brouillards, si le gouverneur du Bengale, lord Bentinck, n'avait eu l'idée, considérée alors comme singulière, d'établir en cet endroit, jadis désert, sa résidence d'été. Ce qui prouve qu'il avait eu raison, c'est que les 100 habitants qu'il avait rencontrés là devinrent au bout de quelques années 10,000, qu'aujourd'hui les touristes y affluent et que ce n'est plus un palanquin qui les y amène de Calcutta en quinze jours, mais un chemin de fer en vingt-quatre heures.

Charles SIMOND.

MUSICIEN AMBULANT AVEC SA FEMME ET SON ENFANT.

DARJILING
HIMALAYA

I

Les plus hautes montagnes du globe surplombent à pic, de leurs vingt-neuf mille pieds, les vallées basses du Népaul et du Sikhim.

L'intérieur du Népaul est complètement fermé aux Européens. Quant au Sikhim, j'étais d'autant plus désireux d'y pénétrer que, outre l'attrait de ses paysages, ce petit royaume offre d'intéressantes particularités au point de vue politique et religieux. Placé entre l'Inde anglaise et le Tibet, il figure un champ de bataille que les influences hostiles de l'Europe et de l'Asie se disputent encore à travers l'ascendant rival des fonctionnaires britanniques et des mandarins chinois. Il verra probablement passer, dans les gorges de ses montagnes, la première grande route de l'Inde vers le Tibet, lorsque les autorités de ce dernier pays auront renoncé, par raison ou contrainte, à leur politique d'exclusivisme national. Enfin, il renferme les seuls sanctuaires que le bouddhisme possède encore dans cette péninsule hindoustanique où il prit naissance, il y a plus de deux mille ans, et où il régna en maître pendant près de dix siècles.

Le 9 février, je quittai donc Agra par le chemin de fer qui descend la vallée du Gange et qui me déposa, dans la nuit du surlendemain, à la petite station de Sahibgunge, soixante-dix lieues au-dessus de Calcutta. Je m'installai aussitôt dans la salle du restaurant pour attendre le jour, et, comme dans l'Inde on ne voyage jamais sans son matelas ni son oreiller, je ne tardai pas à m'endormir dans toutes les conditions de confort désirables. Un peu avant l'aube, toutefois, je fus réveillé par le train de Calcutta qui m'amenait deux compagnons de route, jeunes planteurs anglais : ils s'en retournaient dans leurs domaines de Kursiong, près de Darjiling. L'un d'eux, surtout, qui paraissait un charmant causeur, me donna des détails fort intéressants sur la culture du thé, qui a amené un certain nombre d'Européens à s'établir dans cette partie du Bengale ; malheureusement, selon la trop fréquente habitude des planteurs dans l'Inde, il accompagnait la conversation d'un tel recours à sa gourde de *brandy*, qu'au moment de notre départ il offrait déjà les symptômes d'une surexcitation un peu extraordinaire pour cette heure matinale.

Nos domestiques indigènes ayant hélé des coulies pour transporter les bagages à l'embarcadère, nous descendîmes vers le Gange, où chauffait le steamer de Caragola. Le Gange fut un moment sillonné de petits vapeurs qui offraient alors un moyen de communication bien supérieur aux routes de terre. On aurait pu croire que leur concurrence allait écraser la navigation indigène, réduite à de lourds radeaux, surmontés d'un toit en bambou, qui avançaient à la perche plus encore qu'à la rame. Mais le chemin de fer est venu bientôt disperser les steamers, qui ont été reprendre ailleurs leur rôle de pionniers, et les barges traditionnelles du pays sont restées le véhicule préféré des indigènes, qui trouvent les voies ferrées trop dispendieuses pour leurs marchandises. De toute la flottille à vapeur qui, il y a quelques années, fréquentait les eaux du Gange, il ne reste plus aujourd'hui que ce steamer-ferry pour conduire de Sahibgunge à Caragola les voyageurs de Darjiling, et il leur sera même prochainement inutile, grâce à la construction d'une ligne directe entre Calcutta et le pied de l'Himalaya.

Partis à huit heures, en compagnie de nombreux indigènes entassés à l'avant, nous remontâmes le fleuve avec une extrême lenteur à travers des bancs de sables mouvants qui, d'après le capitaine, se forment et se déforment souvent en moins de vingt-quatre heures. Deux matelots natifs, juchés sur la proue, jettent continuellement la sonde en criant la profondeur de l'eau pour régler les mouvements du navire qui parfois ralentit, stoppe, tâtonne et revient même en arrière, à la recherche d'un chenal plus favorable. Le Gange, qui, à l'époque des pluies, atteint quatre à cinq kilomètres de largeur, en mesure à peu près la moitié pendant l'hiver. Par moments, on eût dit que nous naviguions dans un lac à demi asséché, et lorsque les collines du Rajmahal, qui fermaient l'horizon du sud, se furent repliées vers l'intérieur, nous n'aperçûmes plus dans toutes les directions que des berges jaunâtres et des bas-fonds sablonneux. Plus un village, une maison ni un arbre. On eût pu se croire en plein désert de l'Indus.

Vers midi, le steamer s'arrêta à un confluent du bras principal, et l'on nous annonça qu'à raison de la sécheresse nous aurions à poursuivre notre trajet sur des barges envoyées de Caragola à notre rencontre. Je choisis la plus propre des embarcations avec mes deux compagnons européens, et, le transbordement opéré, nous prîmes les devants, à l'aide de deux cordes tirées chacune par un batelier qui courait sur la rive, pendant que d'autres indigènes, debout aux deux extrémités du bateau, régularisaient avec de longues gaffes les mouvements de la barge. A chaque instant, nous touchions avec plus au moins de violence ; aussitôt notre équipage de sauter à l'eau pour nous remettre à flot, sans souci des alligators, qui pourtant fourmillent dans ces lagunes. Nous finîmes par nous échouer sur un large banc émergé qui nous barrait complètement le passage. Heureusement, la difficulté était prévue, et l'on nous annonça de nouveau que d'autres embarcations attendaient les passagers dans un bras voisin.

Comme notre équipage n'aurait pu transporter tous nos bagages, même avec l'appoint de nos domestiques, force nous fut d'en prendre nous-mêmes une partie sur le dos, — ce qui laissait fortement à désirer dans un trajet de plusieurs cents mètres sur des sables mouvants dont les particules micacées réfléchissaient les rayons brûlants du soleil. Un de mes compagnons était, du reste, complètement hors de service : le jeune planteur à la gourde, qui nous suivait en trébuchant sur le bras de son ami. Enfin, nous nous installâmes tant bien que mal à bord d'une nouvelle barge qui, après deux heures de navigation assez ardue, nous débarqua sur le quai de Caragola.

Nous nous dirigeâmes immédiatement vers le *dak bungalow* qui se dresse au milieu d'un village assez malpropre et assez pauvre d'apparence. Les *dak bungalows* représentent pour les Européens les caravansérails des indigènes. Ce sont des maisons bâties et entretenues par le gouvernement à l'usage des voyageurs européens, qui ont droit à une chambre, moyennant une roupie (2 fr. 50 c.)

par jour; les plus huppés de ces établissements ont des matelas et des draps, les autres ne possèdent qu'un lit de fer et un miroir ébréché. Ils sont généralement habités par un *khansama*, ou cuisinier, qui est tenu de pourvoir à la nourriture de ses hôtes, conformément à un tarif arrêté par l'autorité. On paye d'ordinaire une roupie par repas; il est vrai que les ressources du garde-manger s'y réduisent au classique *chicken curry* de l'Inde, c'est-à-dire à la

FACTEUR DE DARJILING.

poule au riz assaisonnée de tous les condiments imaginables, plus des œufs et du thé ou du café. Aussi le voyageur avisé ne se hasarde-t-il jamais dans l'intérieur sans un panier de provisions bien rempli.

A peine eus-je commandé mon dîner que, désireux de prendre les devants sur mes compagnons, j'envoyai mon domestique s'enquérir des moyens de transport pour atteindre l'extrémité de la route carrossable qui se prolonge pendant environ quarante-cinq lieues au nord de Caragola. J'avais le choix entre des chars à bœufs, qui sont d'un bon marché extraordinaire, mais qui font seulement quatre milles à l'heure, — le cabriolet du courrier, qui dévore l'es-

HÔPITAL ET SANITARIUM DE DARJILING.

pace et qui passe pour un véritable instrument de torture, — les *dak gharries* ou fiacres du gouvernement, qui possèdent de grandes qualités, mais qui ont le tort de coûter trois cents francs, — enfin les *daks* de la «concurrence», qui vont un peu moins vite, mais qui reviennent à plus de moitié moins cher. Je me décidai pour un de ces derniers véhicules, et, une demi-heure plus tard, je voyais déboucher devant le *bungalow* une sorte de coupé sans fenêtre avec des portes à rainures, suffisamment allongé pour qu'en se couchant de travers et en fourrant les jambes dans une cavité ménagée sous le siège, un homme de taille moyenne pût s'y mettre dans une position quasi horizontale. Mon matelas fut posé sur les coussins, mon domestique hissé sur l'impériale, en compagnie des bagages ; je me glissai moi-même dans la boîte roulante, comme un lapin dans son terrier, et, après un léger conflit de volontés entre le cocher et ses chevaux, nous ne tardâmes pas à voir Caragola disparaître derrière le nuage de poussière qui est le compagnon obligé du voyageur dans les plaines de l'Inde.

Des relais s'échelonnent le long de cette route à chaque intervalle de deux lieues. Les petits chevaux arabes qui font ce service sont assez mal nourris et, de plus, fort vicieux. Aussi se refusent-ils généralement à partir, et les cochers, qui usent rarement du fouet, perdent nombre de minutes en cris, prières et imprécations, aussi inutiles que retentissants. En désespoir de cause, les palefreniers poussent aux roues, tandis que d'autres s'attellent aux chevaux eux-mêmes, comme pour leur persuader qu'ils sont déjà en mouvement. Il est assez curieux que ce procédé réussisse presque toujours à les mettre en branle, et, une fois lancés, ils franchissent conciencieusement leurs six milles, sans s'arrêter, au trot et même au galop. Aussitôt arrivés, ils sont dételés, bouchonnés et tranquillement ramenés à leur point de départ par un palefrenier qui a accompagné la voiture depuis le dernier relais.

Une grande foire se tenait précisément sur une île du Gange, en face du Caragola. Le temps me manqua pour la visiter; mais, tout le long de la route, je rencontrai des groupes d'indigènes, à pied, à cheval, en char à bœufs, qui s'y rendaient avec leurs marchandises ou qui en revenaient avec leurs emplettes. Le soir venu, les voyageurs s'arrêtent où ils se trouvent et campent par familles à l'abri des manguiers qui parsèment la campagne.

Vers minuit, je m'éveillai par un magnifique clair de lune. Étonné de ne sentir aucun mouvement et de n'entendre aucun bruit, je mis la tête à la portière. La voiture était arrêtée en face d'une large rivière, les chevaux avaient disparu; cocher et domestique se reposaient dans le sommeil du juste. Il paraît que nous attendions le bac et que probablement le passeur était endormi. Longtemps nous nous égosillâmes à le héler de concert, et je commençais à désespérer, quand nous vîmes se détacher de l'autre rive une large barque à fond plat qui nous eut bientôt pris à bord et débarqués au seuil du relais voisin. Lorsque je me réveillai de nouveau, tout endolori par les cahots de la nuit, nous venions de dépasser la ville de Kishengunje, et le jour commençait à paraître. J'aspirai avec délices la brise du matin, qui, arrivant, humide et fraîche, des montagnes encore invisibles, me caressait délicieusement l'épiderme desséché par les vents brûlants et secs de la plaine hindoustanique. Nous dépassâmes encore un certain nombre de villages, et, vers midi, nous nous arrêtions au bourg de Titalyah, où je trouvai des chevaux envoyés par Edgar, pour me conduire à son camp, alors dressé dans le voisinage. Je ne m'arrêtai que le temps de prendre un déjeuner sommaire au *dak bungalow*, et bientôt je me trouvai chevauchant sur la rive gauche de la Mahanudi, à travers un pays d'aspect tout nouveau. Des faisceaux de bambous y forment partout d'élégants bosquets qui sembleraient plantés par la main d'un jardinier. Sous les longues feuilles des bananiers se laissent entrevoir des groupes de cabanes où les cloisons en lattes de bambou remplacent avantageusement les murs en terre durcie des villages bengalais. La rivière, grossie par les neiges de l'Himalaya, serpente sur un lit de galets, à travers de verdoyants pâturages où paissent de nombreux troupeaux; dans ses eaux rapides et cristallines, des enfants s'ébattent, des poissons bondissent, des pêcheurs jettent leurs filets, tandis que, sous les ombrages de ses rives, de jeunes gars fort peu vêtus lutinent des fillettes gracieusement enveloppées d'une tunique attachée sous les bras et terminée par une jupe bariolée. Tout ce tableau exhale un parfum d'idylle que ne dément pas le doux éclat d'un ciel tamisé par une brume légère, comme en certains jours de notre automne.

Le camp de M. Edgar, qui s'élevait devant le village de Phansidewa, sur la rive gauche de la rivière, n'était qu'une installation provisoire de trois à quatre tentes. Mon hôte venait de se rendre à la *cutcherry*, résidence des autorités cantonales, qui se voyait à quelques minutes du camp. C'était une grande case de bambous, bâtie sur pilotis et divisée par des cloisons à jour. A l'entrée se tenait un poste de gendarmes natifs qui me présentèrent les armes en ma qualité d'Européen. Je trouvai M. Edgar au fond de la salle principale qui servait de prétoire, assis à côté du *teshildar*, ou sous-préfet indigène, sur une estrade qu'entourait la foule des natifs, plaideurs, solliciteurs et simples curieux. Mon hôte me reçut avec beaucoup de cordialité et, après avoir mis une de ses tentes à ma disposition, m'offrit de m'accompagner lui-même jusqu'à Darjiling, pour y organiser mon expédition dans les montagnes du Sikhim. Notre départ fut fixé au lendemain matin.

Le district de M. Edgar s'arrête à la rive droite de la Mahanudi. Mais le canton qui en forme la partie méridionale a longtemps passé pour si insalubre qu'on a arbitrairement placé son chef-lieu sur le bord opposé, dans le district voisin de Julpigori. La Mahanudi marque en effet la limite de cette région marécageuse qui, sous le nom de Teraï, forme, au pied méridional de l'Himalaya, une des zones les plus malsaines du globe. Que ce soit la nature spongieuse d'un sol imbibé d'humus, la fermentation produite par la combinaison d'une extrême humidité avec une extrême chaleur, ou enfin l'absence de pente forçant les eaux descendues de l'Himalaya à séjourner dans les replis de cette dépression naturelle avant de s'ouvrir un chemin à travers les plaines de l'Hindoustan, — toujours est-il qu'une nuit volontairement passée dans le Teraï équivaut à une tentative de suicide, et que chaque année plus d'un Européen, parti pour retremper ses forces dans l'air pur de Darjiling, paye de sa vie un simple séjour de quelques heures dans ce domaine de la *jongle fever*. Les seuls habitants qu'on y rencontre sont des Mechis, une tribu de sauvages au teint olivâtre, doux et inoffensifs, qui brûlent les jungles pour y cultiver un peu de maïs.

Cependant, quand le lendemain j'eus franchi la rivière après un recours préventif à mon flacon de quinine, je remarquai avec surprise que, même après la disparition complète des cultures, le pays n'avait guère changé d'aspect. C'était toujours la jungle aride et brûlée, irrégulièrement plantée de figuiers, d'acacias, de bambous, qui arrêtaient la vue dans toutes les directions sans constituer de forêt continue. Quelques mares croupissantes, disséminées dans les plis du terrain, offraient seules un fondement à la mauvaise réputation du lieu. Nous finîmes par nous engager dans les forêts de *sâl* (*shorea robusta*), essence assez fréquente dans le Bengale, qui commence à être appréciée au loin comme bois de construction. Jusqu'ici, bien que le ciel fût sans nuages, j'avais vainement sondé l'horizon pour découvrir les hautes montagnes que je savais se dresser devant nous à quelques kilomètres de distance. Tout à coup, par-dessus le rideau des *sâls*, je démêlai une sorte de muraille bleuâtre qui se détachait vaguement sur un azur gris de plomb, saturé par la vapeur d'eau; c'était l'Himalaya, qui, par les temps clairs, se découvre parfois à plus de cinquante lieues! Presque aussitôt, tournant sur la droite après avoir passé les premières plantations de thé, nous commençâmes à gravir les terrasses d'alluvion qui s'étagent sur le flanc méridional de la chaîne jusqu'à une hauteur de mille pieds environ, et qui rivalisent en insalubrité avec les parties les plus mal famées du Teraï. A mesure que nous montions, l'air devenait de plus en plus lourd et opaque; c'est à peine si, à travers ce bain de vapeurs tièdes, nous entrevoyions encore le globe blafard du soleil, tandis qu'une odeur âcre et nauséabonde nous saisissait à la gorge et nous attaquait le palais.

Bientôt, contournant une des petites vallées qui frangent ces contreforts, nous pénétrâmes dans une forêt dont rien ne peut dépeindre la magnificence : essences inconnues, aux formes bizarres et aux troncs démesurés, — plantes parasites s'entre-

MARCHANDE DE BÉTEL, ORIGINAIRE DE SIKHIM.

croisant en tous sens pour former un couvert impénétrable aux rayons du soleil, — inextricables fourrés où même les bêtes féroces doivent avoir peine à se frayer un passage. Le sol y résonne sous les pieds des chevaux qui enfoncent dans le fumier accumulé par d'innombrables générations de feuilles mortes, et quand, çà et là, le cours d'un petit torrent y ouvre à la vue une courte échappée sur les profondeurs mystérieuses de ce fouillis végétal, on s'attendrait à y voir glisser, sous quelque forme fantastique, le spectre même de la fièvre à l'affût de ses victimes. Les seules habitations humaines qu'on rencontre dans ces parages se groupent sur la cîme des pitons qui dominent cette mer de verdure, comme les cônes volcaniques émergés à la surface de l'Océan. Enfin, gravissant une dernière paroi, j'éprouvai comme un sentiment de soulagement à atteindre, vers 1,800 pieds de hauteur, le village de Punkabarri, où se retrouve la route directe de Darjiling. Le *bungalow* de Punkabarri, que son altitude met à l'abri des miasmes, est un vrai port de refuge pour les voyageurs qui ont à traverser cette partie du Teraï. Des fenêtres on a une vue magnifique sur tout le bassin inférieur, qui apparaît, à travers la brume, comme une immense nappe sombre entrecoupée de bandes grisâtres et de rubans argentés; on voit bien d'ici, aux sinuosités de ces rivières, combien les eaux du Teraï ont de peine à trouver leur écoulement vers le sud.

De Punkabarri nous continuâmes à nous élever, par une excellente route à lacet, le long des escarpements boisés qui forment les premières assises rocheuses de l'Himalaya. L'air devenait de plus en plus frais; mais l'humidité ne cessait d'augmenter, et lorsque, vers quatre heures, nous atteignîmes la petite ville de Kursiong, à 4,800 pieds d'altitude, nous nous trouvâmes littéralement dans les nuages. On nous affirma qu'on n'y avait plus vu le soleil depuis quinze jours, bien qu'il n'y fût pas tombé une goutte d'eau; c'est ce que les gens de la localité appellent leur premier printemps, et, en effet, ce brouillard permanent semble dû aux premiers vents du sud qui se refroidissent au contact des montagnes. Nous passâmes la nuit dans une excellente auberge, le *Clarendon hotel*, tenu par un vrai type de pionnier anglo-saxon, robuste vieillard, à l'aspect énergique et au franc parler qui a refait sa fortune dans cet établissement après avoir échoué dans les plantations de thé.

II

Kursiong est en plein pays de thé. Tous les versants des montagnes sont couverts à perte de vue par des plantations qui feraient songer aux coteaux du Rhin et de la Moselle, si le misérable arbuste à thé, étriqué par les procédés industriels, pouvait rivaliser d'élégance avec les larges pampres de nos vignobles. Le thé, qu'on trouve à l'état sauvage dans la province voisine de l'Assam, prospère ici aussi bien qu'en Chine; il y fleurit même jusqu'à 5,500 pieds d'altitude, mais ce sont les plantations situées au-dessous de 3,000 pieds qui passent pour donner le meilleur rapport. Ajoutons que l'abondance des pluies sur les flancs méridionaux de l'Himalaya rend toute irrigation superflue, en même temps que la pente du terrain empêche l'accumulation des eaux.

Quand un planteur s'est assuré une concession de terre, il coupe ou brûle la jungle, retourne deux fois le sol, sème la précieuse plante dans des trous alignés à quatre pieds d'intervalle, et enfin, au bout de trois ans, commence à recueillir les feuilles, qui sont aussitôt séchées au soleil, agglutinées à la main et grillées au four. C'est entre 1856 et 1859 que la culture du thé s'introduisit dans cette partie de l'Inde. Le succès des premières tentatives fit croire à la découverte d'un nouveau Pactole, et, la spéculation s'en mêlant, on eut bientôt la « *tea mania* », qui, comme la « *cotton mania* » de Bombay, jeta le désordre sur tous les marchés de l'Inde et de la métropole. Des « jardins à thé », achetés ou inventés par des intermédiaires intelligents, furent mis en actions pour dix fois leur valeur, si bien que, vers 1866, une réaction, aisée à prévoir, faillit compromettre à jamais la culture du thé dans l'Inde. Mais cette crise, comme il arrive souvent, ne fit que dégager l'atmosphère, et aujourd'hui l'industrie du thé se trouve dans une situation bien préférable et bien supérieure à sa prospérité apparente d'il y a dix ans.

Déjà, à la fin de 1873, il y avait près de 15,000 acres de plantations dans le district de Darjiling. Les principales plantations sont gérées pour le compte de grandes compagnies anglaises; on cite cependant des propriétaires qui, arrivés avec des capitaux suffisants, ont fini par s'enrichir, à force d'énergie et d'intelligence, dans l'exploitation de leur concession originaire. Mais, de l'avis unanime, il s'en faut jusqu'ici que cette industrie ait réalisé toutes les prévisions économiques et sociales de ses promoteurs.

A quelques pieds au-dessous de Kursiong, on aperçoit dans une vallée latérale les blanches maisons de *Hopetown*, ou Espéranceville, colonie de planteurs inaugurée en 1857, d'après la méthode américaine, par la fondation d'une église, d'une école, d'une bibliothèque et d'une pharmacie. Toutefois, l'Inde n'est pas l'Amérique, et aujourd'hui la ville nouvelle manque encore d'un élément essentiel : les habitants. Même dans l'Himalaya, on a dû renoncer à l'acclimatation des Européens, qui peuvent bien y retremper leurs forces épuisées par les chaleurs de la plaine, mais qui semblent incapables d'y fonder la famille et d'y perpétuer la race (1).

(1) Si l'on objecte que les Aryens de l'Inde sont un rameau détaché de notre propre race, nous ferons observer qu'il suffit de mettre le pied dans l'Inde pour constater à quel point le sang des castes supérieures, même les plus pures, a dû se mélanger aux races aborigènes. Il est très probable que le système des castes date d'une époque postérieure aux premières invasions des Aryas, quand les législateurs du peuple conquérant reconnurent que cette barrière sociale et religieuse était l'unique moyen d'empêcher l'absorption complète de leur race par les populations inférieures du pays. — Peut être aussi, à l'époque de l'invasion aryenne dans l'Inde, notre race n'avait-elle pas encore acquis, par un long séjour sous les mêmes cieux, cette rigidité ethnographique qui semble s'opposer aujourd'hui à son acclimatation dans les milieux tropicaux.

Nous quittâmes Kursiong le 14, à dix heures du matin, toujours par le même brouillard, qui laissait tout au plus soupçonner la profondeur des vallées entr'ouvertes sur notre gauche. La route sert ici de démarcation entre la partie de la montagne abandonnée aux défrichements et la zone des forêts conservées par l'Etat. Bien que l'établissement des grandes routes et des chemins de fer

JEUNE FILLE BHOUTIA.

ne remonte guère, comme nous l'avons vu, au delà de vingt-cinq ans, l'Inde a déjà beaucoup souffert du déboisement, et il a fallu que l'autorité suprême organisât un ministère spécial pour la conservation ainsi que pour le repeuplement des forêts; pendant l'année 1872-73, pour la seule province du Bengale, les recettes de ce département se sont élevées à près de 375,000 francs, et les dépenses à moins de 250,000 francs; on voit qu'il y a eu là tout à la fois un acte de bonne administration et une source nouvelle de recettes importantes.

Cependant la route finit par dépasser la zone où fleurit le thé

MONTS HIMALAYA, VUS DE DARJILING.

et par disparaître au sein d'un fourré où les essences des tropiques cèdent insensiblement la place à des représentants d'une flore plus septentrionale, chênes, lauriers, magnolias, d'une envergure gigantesque. Dans le clair-obscur de ces épais ombrages que ne trouble aucun bruit et que n'agite aucun souffle, sous le dôme laiteux des vapeurs qui déforment les objets et rapprochent les horizons, on aurait cru traverser la forêt ténébreuse où Dante s'égara dans le milieu du chemin de sa vie, et instinctivement je répétai les vers du poète :

> In mezzo del cammin di nostra vita
> Mi ritrovai per una selva oscura.

Quatre heures de chemin nous amènent tout transis à l'ancien dépôt militaire de Jella Pahar, qui commande la route de Darjiling, à 7,412 pieds de hauteur ; c'est la moins élevée des passes qui mettent le Sikhim en communication avec le reste du monde. D'ici, nous n'avions plus qu'à descendre quelques cents pieds pour arriver à notre destination, et bientôt des sentiers garnis de balustrades, des plates-formes ornées de bancs, des points de vue habilement ménagés à travers le feuillage, vinrent nous révéler l'approche d'un centre civilisé, ou, mieux encore, d'un *sanitarium* en règle.

Pendant la saison des chaleurs, Darjiling sert de résidence au lieutenant-gouverneur du Bengale, qui, l'hiver, siège à Calcutta. Aussi la ville était-elle délaissée par la majeure partie de ses habitants, et l'on ne saurait rien imaginer de plus triste que l'aspect désert de la grande rue, lorsque nous la suivîmes dans toute sa longueur pour atteindre, à l'extrémité opposée de la station, le confortable bungalow de M. Edgar.

III

Darjiling (*dordj-gling*, le saint lieu) n'était encore, il y a quarante ans, qu'un monastère bouddhiste perdu dans les forêts du Sikhim. Le territoire anglais s'arrêtait alors sur la rive gauche de la Mahanudi. Vers 1828, le capitaine Lhoyd, directeur général du service topographique, explorant un jour la frontière du Sikhim, fut vivement frappé de la beauté du site, ainsi que de ses avantages au point de vue sanitaire, et il suggéra immédiatement aux autorités l'idée d'en faire l'acquisition. Après de longues négociations, le rajah du Sikhim consentit, en 1835, à céder, moyennant une rente annuelle de 3,000 roupies (7,500 francs), les quelques lieues de vallées et de forêts que domine la station actuelle. Toutefois, ce fut seulement à partir de 1839, sous la superintendance du docteur Campbell, que cette petite colonie commença à prendre quelque extension par l'ouverture des routes, la fondation de bâtiments publics et l'établissement d'un bazar où s'échangent aujourd'hui tous les produits de l'Inde et du Tibet, notamment du sel, du borax, du musc, des étoffes de laine et des chevaux. Dix ans plus tard, la population indigène s'était élevée de cent habitants à plus de dix mille. D'autre part, l'érection de Darjiling en chef-lieu de district et le choix de cette station par le gouverneur du Bengale pour sa résidence d'été, sans compter la prochaine ouverture d'une ligne entre Calcutta et le pied des montagnes, ont contribué à en faire un des centres européens les plus fréquentés et les plus importants de l'Inde septentrionale sur la future route de Calcutta à Pékin par le Tibet.

La ville occupe, sur une longueur de 4 à 5 kilomètres, la crête d'un contrefort, que deux immenses vallées bordent à 5,000 pieds plus bas. Les versants des montagnes himalayennes sont tellement ravinés que, de la Chine à l'Afghanistan, on y trouverait difficilement un mètre carré de terrain plat. Darjiling ne fait pas exception à cette règle, et les bungalows qui n'ont pas réussi à s'y mettre à cheval sur la ligne de faîte se superposent à toutes les hauteurs dans les replis de la crête, si bien que la cheminée des uns est ordinairement de niveau avec la porte des autres. Cette raideur des pentes n'empêche pas chaque habitation de s'isoler dans un jardinet où des pins, des mélèzes et des houx s'entremêlent à des bambous et à des lauriers. Au centre, dans une petite dépression, s'entassent les habitations indigènes du bazar, avec les écoles, la municipalité et le *dak bungalow*, que dominent successivement la poste, l'église anglicane, les résidences du député-commissaire et du lieutenant-gouverneur, enfin la *cutcherry*, avec ses bureaux, sa salle des archives, sa chambre du trésor et sa cour de justice. Sous ce rapport, Darjiling offre la disposition invariable de toutes les stations civiles où se concentre la société européenne de l'Inde, et même l'architecture des bungalows y reproduit l'aménagement qu'on trouve dans les habitations de la plaine, sauf qu'ici leurs vastes salles sont mieux protégées contre les courants d'air et généralement munies de deux cheminées. Le climat de Darjiling reste fort tempéré pour son altitude. La moyenne annuelle du thermomètre y est de 35 degrés centigrades. On n'y compte que trois saisons, comme sous tous les climats voisins des tropiques : l'hiver, d'octobre à février; les chaleurs, de mars à mai; les pluies, de juin à septembre. Octobre, novembre et avril sont les mois les plus délicieux de l'année; la dernière moitié de février, comme je devais en faire l'expérience, est quelquefois favorisée d'un beau temps exceptionnel, surtout quand elle est précédée d'une abondante chute de neige sur les montagnes. Dans la saison pluvieuse, la quantité d'eau tombée dépasse 100 pouces.

La soirée fut très froide, mais certains symptômes firent juger à mon hôte que le ciel s'éclaircirait durant la nuit et que la brise du matin pourrait bien dégager complètement les montagnes du Sikhim. Je me fis donc éveiller avant le jour, et, à peine habillé, je me précipitai vers la colline de la cutcherry, à quelques minutes de notre bungalow. Le cœur me battait un peu à l'approche du sommet, car je savais que j'allais me trouver devant un des sites les plus renommés du globe, et je n'ignorais pas combien il est rare d'en obtenir une vue claire et complète, surtout à cette époque de l'année. Aussi ne pus-je retenir un cri d'enthousiasme lorsque je débouchai sur la plate-forme.

De l'observatoire naturel que j'occupais à 7,000 pieds d'altitude, dominant le cours de la Rungit, qui dépasse de 600 à 700 pieds seulement le niveau de la mer, je voyais tout le Sikhim se dérouler en un labyrinthe de vallées sinueuses et de contreforts abrupts, nettement tranchés par les intervalles brumeux de leurs plans successifs. Un bourrelet de chaînes saillantes enferme, sur les quatre côtés, cette vraie carte en relief de cent lieues carrées. Placé moi-même au milieu de la bordure méridionale, je pouvais suivre à ma gauche la longue ligne des monts Singalelahs, qui, frappés par les premiers reflets de l'aube, se détachaient lumineusement sur l'azur encore sombre de l'ouest, tandis que, du côté opposé, la chaîne parallèle du Boutan se profilait en noir violacé sur le fond opale de l'orient. Vers le nord enfin, le regard se heurtait aux précipices neigeux et aux pics abrupts de la chaîne mère, dominée, vers son centre, par les 28,177 pieds du mont Kinchinchinga, si bien qu'en prenant pour base les vallées de l'avant-plan, je pouvais mesurer, dans un même coup d'œil, — unique au monde, — une élévation absolue d'au moins 27,500 pieds!

Sauf dans une ascension au pic de Ténériffe, jamais je n'avais rien vu qui approchât d'un panorama aussi stupéfiant par son immensité. On embrasse d'ici un arc d'environ 80 degrés, où douze pics dépassent 20,000 pieds d'altitude et sept 22,000. Quelques-unes de ces sommités se dressent isolément, en sentinelles avancées, à l'entrée des vallées qui rayonnent du massif central; d'autres flanquent comme des bastions les glaciers de Kinchinchinga; plusieurs enfin, qui se montrent à travers les échancrures de la crête, marquent les domaines du Nepaul, du Boutan et du Tibet. C'est un tableau qui, à raison de sa grandeur même, ne semble pas fait pour des hommes. Il déroute à la fois l'imagination et la vue. On y perd du même coup le sentiment de la hauteur et de la distance. L'impression première, c'est qu'on se trouve soi-même à l'altitude des cimes les plus élevées, que la chaîne principale reste à une portée de fusil, et que son manteau de neige est une simple collerette de quelques cents pieds. En réalité, Kinchinchinga dépasse de 21,000 pieds le niveau de l'observateur ; il en est éloigné de soixante kilomètres à vol d'oiseau, et la limite inférieure des glaciers y descend jusqu'à 13,000 pieds. Ces diverses illusions s'expliquent d'ailleurs par le fait que Kin-

LAITIERS ET LAITIÈRES.

chinchinga, vu de Darjiling, mesure seulement un arc de 4°31 au-dessus de l'horizon.

A peine avais-je pu me rendre compte de mes premières sensations, qu'un rayon de soleil, teignant d'un rose vif l'éclat marmoréen des neiges éternelles, vint inonder de vie et d'éclat ce paysage glacé jusque-là par les reflets blafards du crépuscule matinal. Je ne me serais pas lassé de suivre les nuances délicates et variées qui marquèrent les progrès de l'aurore dans la coloration mobile des aiguilles et des glaciers, des criques et des vallons, des forêts et des rivières. Mais des flots de brouillard, poussés par la brise du sud, ne tardèrent pas à envahir les vallées; la cime de Kinchinchinga se mit à planer dans les airs, et, agrandie encore par cette interposition de vapeurs, elle me fit presque douter qu'elle possédât une base sur le sol. Je ne rentrai toutefois qu'après avoir vu sa dernière pointe disparaître dans la brume. Les nuages, et surtout la façon dont ils se comportent aux abords de Darjiling, feraient les délices d'un poète ossianesque, soit qu'ils se forment et se déforment avec la même aisance, soit qu'ils se livrent de formidables batailles pour la possession d'un défilé ou qu'ils s'élancent à l'assaut de quelque contrefort jeté en travers de leur passage, tantôt réduits à un maigre flocon qui tout à coup se développe en un long cortège de figures fantastiques, tantôt pareils à un rideau opaque qui soudain se lève sur une scène resplendissante de coloris et de pittoresque.

IV

Il fallut trois jours pour terminer les préparatifs de mon expédition dans le Sikhim. J'en profitai pour visiter, sous les auspices de mon hôte, les principales curiosités de la ville et de ses environs. Le 15, notamment, je fis une excursion au mont Sinchul, qui s'élève à 8,606 pieds de hauteur dans la direction du sud-est. Il était quatre heures du matin quand je partis à cheval, en compagnie d'un guide indigène, par un froid piquant et un beau clair de lune. Lorsque je quittai la grande route à Jella Pahar, les premières lueurs du jour me montrèrent une épaisse bande de nuages qui voilait tout l'horizon du nord; mais, cette fois encore, ils se dissipèrent au lever du soleil, et, parvenu sur la cime, je retrouvai dans toute sa gloire mon panorama de la veille. De cette élévation je pouvais, en outre, découvrir, par-dessus la crête des Singalelahs, sous la forme d'un pic couvert de neige, la plus haute sommité du globe, ce Gaurisankar ou mont Everest, qui dépasse Kinchinchinga de 823 pieds. Une autre modification qui donne ici plus de variété au tableau, mais en lui enlevant un peu de son imposante austérité, c'est la présence de Darjiling, qui constelle de taches blanches l'arête du premier plan. Vers le sud, j'ai entendu soutenir que, par les temps clairs, on peut entrevoir les plaines de l'Hindoustan, mais seulement après les pluies de l'automne.

En franchissant la selle qui réunit Sinchul au contrefort de Darjiling, j'avais aperçu, au pied de l'escarpement terminal, des colonnades qui se dressaient comme des avenues de fantômes sous les derniers rayons de la lune. A la descente, j'examinai de plus près ces étranges constructions. Elles étaient formées par des pilastres isolés, complètement creux, d'une forme rectangulaire et d'une maçonnerie analogue à la nôtre. Au niveau du sol, ils offraient une issue pareille à une porte, mais trop étroite pour donner passage à un homme. Une seconde ouverture avait été ménagée dans une espèce de chapiteau grossier qui couronnait leur sommet. Ils étaient alignés sur deux et parfois trois rangées parallèles, qui semblaient former plusieurs groupes distincts. Leurs intervalles étaient jonchés de décombres où je ne pus découvrir aucune apparence d'inscription. Par leur forme, ces monuments faisaient songer à certaines tombes qu'on rencontre dans la campagne romaine; par leur disposition, ils rappelaient les *choultrys* ou halles sacrées qu'on voit dans le sud de l'Inde aux abords des grandes pagodes hindoues. Cependant, je ne pus y discerner les caractères d'aucun style bien tranché. Aussi, tout en m'étonnant de n'avoir jamais entendu parler de ces ruines mystérieuses, commençais-je à me demander si je ne m'étais pas trouvé là devant les restes de quelque construction antérieure à l'établissement du bouddhisme dans le Sikhim, quand, rentré à Darjiling, j'appris que j'avais découvert... les cheminées des casernes établies en 1860 sur les flancs de Sinchul et abandonnées, trois ans plus tard, en faveur d'un emplacement moins exposé aux intempéries de l'air!

Je consacrai une partie de mes deux dernières journées à la visite des établissements publics : la prison, les écoles, etc. M. Edgar me fit assister à une distribution de prix dans l'*Anglo vernacular school* du district, écoles moyennes où des maîtres indigènes donnent l'enseignement à la fois en anglais et en dialecte local.

Je fus vivement frappé de la mine éveillée et de la tenue soignée de ces enfants; il est vrai que les petits hindous se distinguent presque toujours par des traits fins et expressifs; malheureusement, il s'en faut qu'ils gardent ces avantages physiques jusqu'à l'âge mûr. J'eus aussi l'occasion de visiter la *Bouthia boarding school*, école spéciale fondée pour les jeunes bouddhistes du Népaul et du Sikhim. Les élèves étaient en congé, par suite de je ne sais quelle fête religieuse; mais je n'en parcourus pas moins l'établissement tout entier, depuis les dortoirs jusqu'à la chapelle bouddhiste, sous la conduite d'un lama sikhimois qui, récemment arrivé de Pemionchi, s'était offert pour enseigner le tibétain, à condition qu'on lui apprît l'anglais.

Je n'oubliai pas non plus de descendre au temple bouddhiste qui se dresse au-dessus de la ville, sur la route du Sikhim. J'y retrouvai la même disposition et presque les mêmes emblèmes que dans les temples de Ceylan. C'était un édifice en bois à deux étages, précédé d'une véranda qui faisait office de portique. Deux lignes de piliers divisaient le rez-de-chaussée en trois compartiments qui faisaient songer à une nef flanquée de ses deux ailes. Au fond du chœur se trouvait une armoire vitrée qui contenait une grande statue de Bouddha avec deux idoles secondaires. La chapelle était vide; mais un bruit d'instruments m'apprit qu'on disait les vêpres à l'étage supérieur. Je m'y rendis aussitôt par un escalier latéral. L'aménagement était le même qu'au rez-de-chaussée, sauf qu'ici l'image de Bouddha était réduite à des proportions minuscules.

FEMME DE SIKKIM.

Trois lamas, accroupis au fond de la salle, célébraient l'office, le visage tourné vers l'autel. L'un entre-choquait doucement des cymbales, l'autre frappait sur un gong, le troisième bourdonnait des prières qu'il lisait dans un livre à longues feuilles volantes. Tout à coup, ce dernier ferma son psautier, et, saisissant une conque marine, en tira des sons formidables, tandis que ses collègues redoublaient de vacarme, sans s'inquiéter de ma présence.

Enfin le 16, vers midi, je pus passer en revue, dans la cour du bungalow, tout le personnel de ma future caravane. En tête se présentait un natif, employé de la cutcherry, que M. Edgar avait bien voulu me prêter pour la circonstance. C'était un tout jeune homme, poli et avisé, qui répondait au nom de Chram-Chring, vrai type mongol, de petite taille, aux yeux obliques et vifs. Chaussé de *knicker-bockers* et de bottines à l'européenne, il portait une sorte de blouse brune qui retombait sur un jupon jaune. Une barrette retroussée et une natte qui lui pendait au milieu du dos achevaient de lui donner un faux air de mandarin. Fort bien apparenté dans le Sikhim, il était spécialement chargé de m'introduire, au nom de M. Edgar, près des fonctionnaires civils ou ecclésiastiques que je rencontrerais sur ma route, et ce concours devait m'être

MOINES MENDIANTS.

d'autant plus précieux que mon hôte, en sa qualité de *deputy commissionner* du district frontière, était chargé des relations politiques avec le Sikhim et qu'il connaissait de longue date les principaux personnages du pays.

Au second rang se trouvait un *babou* de Darjiling nommé Kalé-Sing, que j'avais dû engager comme interprète. En effet, mon domestique, un hindou de Bombay qui parlait l'anglais, la mahratte et l'hindoustani, ne m'était plus d'aucun secours dans ces montagnes, où il ne comprenait rien de la langue et où, d'ailleurs, il grelottait du matin jusqu'au soir. J'avais aussi un cuisinier, — tout de blanc vêtu, du moins au départ, — qu'un fonctionnaire obligeant m'avait prêté pour l'excursion, avec les ustensiles les plus indispensables pour l'exercice de sa profession. Arrivaient ensuite une dizaine de coulies, vigoureux montagnards à la peau jaune, aux cheveux aplatis, aux pommettes saillantes, armés de longs couteaux dans des gaines de bois, et chargés, moyennant 6 annas par jour, de porter mon bagage, ainsi que mes provisions, dans des hottes de bambou qu'ils s'attachaient derrière les épaules. Ayant à se nourrir eux-mêmes, ils me demandèrent 8 annas au lieu de 6, ce qui est un salaire fort élevé pour ce genre de services dans l'Himalaya. Je consentis toutefois à leur promettre ce supplément, sous forme de gratification, pourvu que je n'eusse pas à me plaindre de leur conduite.

Quatre chevaux de selle avec leurs grooms, deux moutons, un certain nombre de poulets et de canards complétaient le personnel vivant de l'expédition. Quant aux provisions qui devaient grossir mon garde-manger, il serait trop long d'en énumérer la liste depuis trois douzaines de bouteilles de *soda water*, pour me dispenser de recourir à l'eau du pays, jusqu'à une petite balle de thé et plusieurs kilogrammes de riz, sans compter le biscuit, le sucre, le sel, le beurre, le cognac, des œufs et de nombreuses conserves. Comme on m'assura qu'à la fin de chaque étape je trouverais un gîte dans un monastère ou un village, je ne m'embarrassai point d'une tente, mais j'avais à emporter tout mon ameublement, mon lit, ma table, et jusqu'à une chaise. On voit que, dans l'Himalaya, il serait difficile de se borner à la besace et à l'*alpenstock* classiques de nos touristes alpestres.

N'ayant pas de temps à perdre, je fis immédiatement partir mes coulies, sous la direction de Kalé-Sing, afin de les rattraper le lendemain soir à Namchi, après avoir moi-même franchi en un jour les deux étapes qui me séparaient de ce monastère. Encore une nuit, et j'allais donc quitter le sol anglais pour m'engager, avec une escorte de vrais sauvages, dans les montagnes et les forêts d'un Etat à demi barbare qui ne comptait pas un seul Européen sur tout son territoire. Mais tels sont, dans ces parages, le prestige du blanc et probablement la crainte salutaire des représailles britanniques, que je ne songeai même pas à m'armer d'un revolver. Le voyageur est plus en sûreté, nuit et jour, dans les gorges de l'Himalaya, qu'à certaines heures dans les rues de Londres, de Paris ou de Bruxelles.

Je quittai Darjiling par une claire et fraîche matinée. La route, assez bien entretenue pour me rappeler les meilleurs sentiers de la Suisse, descendait vers la vallée de la grande Rungit, sous une luxuriante végétation dont les éclaircies laissaient entrevoir dans des lointains violets les neiges éternelles de Kinchinchinga et de ses gigantesques acolytes. Dans la zone supérieure de ce versant, ce sont les essences d'Europe qui dominent : chênes, châtaigniers, lauriers, magnoliers. Un peu plus bas apparaissent ces magnifiques fougères arborescentes, parfois hautes de 30 à 40 pieds, qui sont la gloire de Darjiling ; de loin, elles ressemblent aux palmiers, dont elles imitent le port élancé, mais qu'elles surpassent par la grâce de leur couronne comme par la délicatesse de leur feuillage. Quant aux croupes inférieures de la montagne, elles sont occupées par des plantations de thé, entremêlées de bananiers, de figuiers, de palmiers, de gordonias et de *sals*, qui forment d'épais fourrés aux abords de la rivière.

A chaque instant, nous croisions des Sikhimois qui portaient à Darjiling des marchandises et des denrées. Ils appartenaient pour la plupart à la race des Lepchas, qui semble le produit d'un croisement entre les aborigènes de l'Inde et les émigrants mongols de la région transhimalayenne. Timides et indolents, de petite taille, ils ont les extrémités frêles, mais la poitrine large et les bras musculeux. Leur costume consiste en une pièce de coton qui se drape autour du corps, de façon à laisser un bras libre et à tomber jusqu'à la hauteur du genou. Les femmes ont à peu près le costume des hommes ; elles se distinguent surtout en ce qu'elles tressent leurs cheveux en deux nattes au lieu d'une.

A la moitié de la descente, je fis une rencontre d'assez mauvais augure, qui aurait jadis empêché un Romain de poursuivre sa route. Il s'agit de deux cadavres qu'on transportait à Darjiling sur des civières, recouverts d'un drap qui dissimulait mal leurs formes rigides. Les porteurs se rangèrent pour me laisser le chemin libre ; mais le sentier était si étroit que les plis du suaire me frôlèrent au passage.

Cependant le bruit du torrent qui coulait au fond de la vallée devint de plus en plus distinct, et, vers midi, nous débouchâmes, à travers une végétation tropicale, sur une rivière aux eaux d'émeraude qui courait rapidement sur un lit bordé de galets entre des coteaux abrupts et verdoyants. C'est ici que j'eus à franchir mon premier échantillon de pont himalayen. Deux longues tiges de bambou sont jetées parallèlement d'un bord à l'autre, puis réunies par des lianes supportant d'autres bambous qui forment le plancher. A première vue, cette construction semble assez fragile, et, à chaque pas qu'on y hasarde, le jeu des lianes, le craquement des bambous, l'ébranlement général de tout l'échafaudage ne sont guère de nature à rassurer le nouveau venu, qui doit y avancer avec une prudente lenteur, en s'aidant des mains comme des pieds. Dans la circonstance actuelle, la Rungit était suffisamment gonflée pour que le fond de cette véritable corbeille trempât de plusieurs pieds dans l'eau : aussi nous fallut-il exécuter un véritable travail de singes, pour passer à pied sec, en nous accrochant aux bambous des parois.

La grande Rungit forme ici la limite entre l'Inde anglaise et le territoire du Sikhim.

Parvenus au sommet de la montée, nous longeâmes, pendant plusieurs heures, les pentes d'une vallée sauvage qui descendait du mont Tendong, tandis que derrière nous se profilait, au-dessus de Darjiling, la masse colossale de Sinchul. Tout à coup, nous entendîmes au loin un grand bruit de cymbales : c'était, me dit-on, le principal lama de Namchi qui faisait des dévotions dans sa maison de campagne située à proximité de la route.

A l'entrée du village se montrait un fort beau *chait*. Les *chaits* sont des monuments religieux, assez abondants dans ces parages, qu'on élève à la mémoire de quelque pieux lama. Ils se composent d'un piédestal à gradins que surmonte un croissant ou plutôt une coupole renversée, supportant elle-même une haute pyramide effilée à quatre faces. Les chaits correspondent aux *stupas* qui, dans le sud de l'Inde, renferment les principales reliques du bouddhisme.

Ayant ensuite longé les cases des moines, nous marchâmes droit sur le temple qui se dressait à peu de distance. Les lamas disaient l'office du soir dans une chapelle voisine ; il fallut m'y rendre afin d'obtenir la permission de m'installer dans le temple pour la nuit, ce que le prieur m'accorda sans la moindre difficulté ; c'était un gros vieillard joufflu, à la barbe blanche, qui, dans sa robe brune, ne manquait pas d'une certaine ressemblance avec nos capucins.

De Namchi, la route continue à monter dans la forêt jusqu'à la crête du mont Tendong, où elle atteint une altitude de huit mille sept cents pieds. S'il faut en juger par les éclaircies qui nous laissaient parfois entrevoir, à travers le feuillage, quelque pic sombre ou quelque sommité neigeuse, — probablement les cimes de Donkia et de Junnou, — nous aurions eu ici un magnifique coup d'œil sur les plus hautes cimes de l'Himalaya, sans les rideaux de bambous qui nous interceptaient continuellement la vue. La route se tient quelque temps encore à cette hauteur. Avec un peu d'entretien, elle deviendrait excellente ; mais elle me parut tellement négligée que je crus prudent de quitter ma monture pour ne pas trop courir le risque de terminer mon voyage au fond d'une fondrière.

Encore était-ce la grande route de la capitale. Mais, un peu plus loin, force nous fut de prendre sur la gauche le sentier de traverse qui mène à Tcheysing par les bois, et c'est alors seulement que j'eus un véritable échantillon de route himalayenne. Au-dessus de nos têtes, de hauts bambous s'entre-croisaient parallèlement, comme les piques des légions hostiles dans les anciens tableaux de bataille. Lorsque cette sorte de grillage faisait mine de s'éclaircir, c'était pour se grouper en bosquets dont les tiges menaçaient le ciel de leurs faisceaux élancés, tandis que, dans les intervalles, des arbres démesurés lançaient au travers du chemin des racines tantôt ramifiées en chausse-trapes, tantôt perfidement dissimulées sous le tapis des feuilles mortes.

Enfin une dernière ascension nous fit émerger de la forêt sur la crête nue du mont Tingby. Je m'y sentis tout heureux de retrouver un peu d'air et de soleil; la forêt même la plus luxuriante finit par devenir aussi monotone que la plaine, quand aucune éclaircie ne vient élargir et diversifier l'horizon. Au sommet de l'arête, nous nous reposâmes quelques instants sous un vieux *mendong* moussu, couvert d'ardoises à inscriptions thibétaines. Les

VENDEURS DU MARCHÉ DE DARJILING.

mendongs sont des sortes de longs murs isolés qu'on rencontre aux environs des monastères et qui semblent avoir pour unique destination d'exciter la piété des fidèles; ils sont formés d'ardoises qui portent généralement des inscriptions pieuses ou des dessins symboliques.

De cette crête, nous dominions à pic la vallée de la Rishup étalée à nos pieds sous les plus effroyables précipices où il m'ait été donné de plonger le regard pendant mon séjour dans l'Himalaya. Je me croyais presque au terme de notre étape, et le *syce* qui nous servait de guide me confirmait sans cesse dans cette idée, quand, après une nouvelle heure de marche, il avoua, sur mes récriminations, qu'en réalité il ne connaissait pas exactement la distance et qu'il m'avait simplement répondu pour me contenter.

Je poursuivis donc ma route avec une nouvelle ardeur; mes hommes s'arrêtaient toutefois, de temps à autre, pour pousser un appel retentissant et prolongé qui resta longtemps sans écho. Enfin, un cri lointain leur répondit, et j'eus bientôt la satisfaction de voir apparaître dans le crépuscule un groupe d'indigènes.

Le *khazi* du district m'attendait à l'entrée des premières maisons. Il m'offrit l'hospitalité dans sa case, cabane en bambou d'apparence assez propre, mais vide de tout ameublement. Les *khazis*, qui correspondent aux *collectors* de l'Inde anglaise, ont pour principale mission de lever l'impôt au profit du rajah; ils exercent aussi le pouvoir judiciaire en premier ressort.

Le lendemain, éveillé de bonne heure, je descendis par un sentier assez abrupt vers le confluent de la Rungit et de la Rumman. Les vallées de ces deux rivières forment en se confondant un amphithéâtre de gradins boisés qui se détache vigoureusement en vert sombre sur l'arrière-plan des neiges éternelles. Au centre de ce cirque, que surplombent les huit mille mètres de la haute chaîne, se dresse isolément une lourde colline en pain de sucre; c'est sur cette crête que s'élève le monastère de Tassiding, à cinq mille pieds environ d'altitude.

De Tassiding, qui se trouve au centre de la région sanctifiée par les premières prédications du bouddhisme dans les vallées du Sikhim, l'œil ne découvre pas moins de dix monastères perchés à des altitudes qui varient entre 3,000 et 7,000 pieds, jusque sur les premières assises de Kinchinchinga. Tassiding occupe une position des plus pittoresques. De sa base rayonnent cinq vallées, séparées par autant de massifs abrupts. Vers le sud, le regard plane, par-dessus les méandres de la grande Rungit, jusqu'à Darjiling, malheureusement invisible de cette distance. A l'est, une verte clairière taillée dans le flanc du mont Tingby marque l'emplacement de Tcheysing, tandis que, vers l'ouest, le temple de Pemoinchi couronne isolément une lourde montagne de 7,000 pieds. Enfin, dans la direction du nord, deux énormes pics tout couverts de neige se haussent, pareils à des fantômes, comme pour défier l'observateur par-dessus l'avant-plan d'une arête sombre qui leur sert de repoussoir.

Je quittai Tassiding, à six heures du matin. La distance entre ce monastère et Pemionchi n'est guère que de 4 milles à vol d'oiseau; mais, comme on doit d'abord descendre de 4,900 à 2,450 pieds dans la vallée du Ratong, pour ensuite remonter à plus de 7,000, c'est un trajet qui réclame, surtout quand il y a des coulies en jeu, la plus grande partie de la journée. Heureusement, la route est assez bien entretenue, en raison des rapports fréquents entre les deux monastères; c'est même une sorte de voie sacrée où l'on rencontre à chaque instant des chaits et des mendongs.

Nous fûmes bientôt sur les bords du Ratong, large torrent qui, par sa transparence verdâtre, indique suffisamment l'origine glaciaire de ses eaux. Je franchis la rivière, à la suite de mes hommes, sur un pont de bambou fort branlant, tandis que les cheveaux étaient attirés vers l'autre bord au moyen d'une longue corde jetée en travers du torrent.

Vers les deux tiers de la montée, nous débouchâmes sur une clairière où, près de quelques cases entourées de cultures, on pouvait distinguer les ruines assez considérables d'un édifice en pierre, peut-être un fort ou un temple abandonné.

Je partis de Pemionchi, dans la matinée du 22, par un épais brouillard qui me permit à peine d'entrevoir en passant le temple de Ramdenchi; près de cet édifice se trouvent les ruines d'une construction en pierre qu'on dit avoir servi de palais aux rajahs du Sikhim, quand ils avaient ici leur capitale. A la moitié de la descente, nous aperçûmes un long mendong, monument funèbre consacré aux lamas de Pemionchi, ainsi qu'aux bienfaiteurs du monastère.

Après avoir franchi à gué un petit affluent de la Rungit, nommé la Kolhait, nous gravîmes une montagne boisée où j'observai à mi-côte un nouveau mendong, d'une longueur plus considérable encore, mais assez délabré. Il était trois heures de l'après-midi quand nous débouchâmes sur le hameau de Rinchinpodge, à environ 6,000 pieds d'altitude. Je logeai dans le temple à l'extrémité du village; c'était une petite *goumba* assez pauvre, abritée sous un splendide cyprès.

Après avoir franchi la Jula, près de sa source, sur un simple tronc d'arbre jeté en travers du torrent, nous escaladâmes une singulière crête, évidée en croissant avec des mamelons qui coiffaient comme des bourrelets les deux cornes de la dépression et une sorte de cône qui se dressait isolément au centre de la courbe, Si le sol eût été volcanique, on aurait pu se croire devant un cratère éventré.

Le versant méridional de cette arête me parut aussi nu et brûlé que le revers opposé était frais et verdoyant. Toutefois, sur l'autre rive de la Rottock qui coulait à nos pieds, un plateau naturel, taillé dans le flanc des montagnes, supportait des fermes et des cultures en plus grand nombre que j'en avais vu jusque-là dans tout le Sikhim.

La Rottock franchie sans trop de difficultés, nous montâmes par un bon sentier au village de Mintougong, où le khazi fit mettre à ma disposition une cabane neuve dans sa propre métairie.

Bientôt nous vîmes s'épancher devant nous la Rumman, que

nous traversâmes, à l'issue d'une gorge étroite, sur un pont formé de trois bambous juxtaposés avec un quatrième faisant simulacre de garde-fou. J'eus la satisfaction de trouver un premier relais sur la rive opposée et d'apprendre, en outre, que d'autres chevaux nous attendaient au second tiers du trajet, sur les bords de la petite Rungit. C'est la Rumman qui forme ici la frontière entre le Sikhim et l'Inde anglaise.

Nous passâmes à gué la petite Rungit, qui est, dans cette saison un torrent sans importance, bien qu'elle coule dans un véritable sillon à une altitude de 800 pieds seulement au-dessus du niveau de la mer ; mais il nous restait encore à gravir la montée de Darjiling, qui nous surplombait de 7,000 pieds. Heureusement que désormais la route ne laissait plus rien à désirer.

Je pris à Darjiling deux jours de repos que j'avais bien gagnés.

Comte GOBLET D'ALVIELLA.

NATURELS DU NÉPAUL VENDANT DU BÉTEL.